Publucado en Estados Unidos por, Debonæress™, una impresora de 31$^{st}$ & Seven$^{th}$ Publishing, 1648 Taylor Road #154, Port Orange, FL, 32128.

Primera edición.

40 & Fabulosa: Cuarenta maneras de vivir tus mejores días...después de los 40/Ursula Yvette Scott

Incluye referencias.

Este libro fue traducido en Español por el Señor Luis Laboy.

ISBN-10: 0990453715
ISBN-13: 978-0-9904537-1-0

# Tabla de Contenido
## Dedicación

# Dedicación

Este libro está dedicado a mis hijos, que siempre me hicieron sentir fabulosa a cualquier edad, especialmente cuando me anclé en los 39 años. También dedico este libro a la mujer que le dio los mejores años de su vida a su esposo; la mujer que fue despedida de su trabajo después de años de dedicado servicio; a la mujer cuyos hijos han demostrado pérdida repentina de la memoria sobre todos los sacrificios que ella hizo; la mujer que ha vivido una existencia estelar; la mujer que siempre se confunde con Angelina Jolie; la mujer que ha sobrevivido el cáncer; la mujer que está actualmente sobreviviendo el cáncer; la mujer que ha sido incapaz de concebir o tener niños; la mujer que a menudo es confundida con un hombre; y la mujer que no encaja en ninguna de las descripciones anteriores. Este libro es para ti. Mientras embarcan en este viaje conmigo, por favor sepan que estoy plenamente consciente de que cada una de nosotras sube a bordo con experiencias de vida muy diferentes. Esas vivencias nos ayudan y continúan ayudándonos a moldearnos, ya sea de forma positiva, negativa, o ambas cosas. Todo lo que pido es que se mantengan al tanto de lo que han sobrevivido – si es depresión, alguna forma de abuso, comer emocional, una enfermedad autoinmune — como el lupus, hipertensión, que puede ser desencadenada por la falta de sueño, enfermedades del corazón, que pueden ser desencadenadas por la falta de ejercicio, o algo más. No estamos utilizando esta guía como una vía de escape. ¡La estamos usando como un peldaño, un camino a lograr lo mejor en nuestras vidas para sentirnos alegres, realizadas y sobretodo vivas! Parece lógico empezar este libro a la luz del día. Sin embargo, quiero que cuando termine este día comiences a planificar para mañana. Tenemos 24 horas cada día para avanzar, dar una buena impresión o hacer la diferencia. A los cuarenta, nos encontramos en uno de tres lugares: escala ando más alto, nivelando y montando la joroba de la montaña o deslizándonos suavemente hacia abajo. Estés donde estés, debes enfrentar los 40 y más allá con una sonrisa, un abrazo cálido y un plan. El plan es— ser, y vivir nuestros restantes días amando quienes somos, y lo que tenemos que ofrecer y la vida misma. Mientras avanzamos en este libro, aplicarás las "40 formas" a tu vida 24 horas al día, todos los días, si tienes 40 años o graciosamente ya cumpliste un poco más.

Fabuloso: adjetivo. /fæbjʊləs\ la palabra fabulosa connota generalmente las riquezas, el brillo y el glamour. Sin embargo, te ofrezco unas palabras sinónimos con fabuloso que son las más adecuadas para los propósitos de esta guía. Al leer y actuar, quiero que constantemente se refieren a los siguientes Descriptores: excepcionalmente bien, tremendo, caracterizado por la maravilla, muy agradable, notable.

*Vamos a empezar.*

# 1
## *Vaya a la cama.*

*Prepárate antes de que te prepares: lo primero que debes hacer es ir a la cama. Nos preparamos para nuestros días la noche anterior escogiendo la ropa que vamos a usar, revisando el contenido de nuestros bolsos, de la computadora portátil para la reunión, preparando almuerzos escolares o seleccionando las joyas para complementar nuestro atuendo; pero no somos capaces de hacer planes la noche anterior para vivir los mejores días de nuestras vidas. Selecciona tus pantalones de yoga o pantalones cortos, sujetador deportivo o camiseta, calcetines de algodón y zapatillas. En fin, lo que necesites para hacer ejercicio físico por la mañana. Y luego ve a la cama.*

*¿Qué hiciste para prepararse para el mañana?*

# 2
# Obtenga 8 horas de sueño.

*Los estudios que apoyan una buena noche de descanso son tan numerosos como las marcas de productos de belleza en el mercado. El cuerpo necesita tiempo para descansar y repararse. El descanso ininterrumpido de una noche permite que las neuronas completen su misión, que cambia durante las cinco etapas del sueño. El cerebro y el corazón requieren tiempo para desacelerar su labor, que nunca termina. El proceso de curación comienza cuando el cuerpo y la mente están en reposo. Dá a tu cuerpo el tiempo de recuperación igual al tiempo que vas a utilizarlo para trabajar en la oficina o en otro sitio de trabajo. Es justo.*

# 3

# No despertamos por nungun lado equívocado de la cama.

Por la mañana: abre tus ojos, abre tu mente, respira profundamente por la nariz, y lentamente por la boca. Luego susurras un "gracias" y una declaración positiva antes de levantarte de la cama. Lentamente, sal de cama, estírate y respira profundamente. El movimiento lento protege las articulaciones y músculos de movimientos bruscos y reduce el riesgo de tensión, dolor y estrés. Recuerda que estás haciendo una transición de un estado casi comatoso. Tómalo con calma, y tu cuerpo te lo agradecerá.

# 4

# Disfruta de una botella de 8 onzas de $H_2O$.

*Agua (Mantenerse hidratado hace que el corazón se esfuerce menos.)[1]*

Ahora que estás fuera de la cama, toma una botella de 8 onzas de agua y ponte ese equipo de entrenamiento para caminar o correr (o lo que sea tu actividad física de elección). Si tomas café, ese deleite tendrá que esperar hasta después que hayas prestado cuidado a otras necesidades de tu cuerpo.  Durante tu ejercicio, continúa  respirando a través de la nariz y exhalando por la boca. Toma otra botella de agua antes de pasar al paso # 5. Si normalmente tomas tu caminata enérgica durante la hora del almuerzo, toma tiempo en la mañana para escuchar música, no la estación de la condición del tráfico, ni noticias de acontecimientos tristes que tuvieron lugar durante la noche.

*Escucha música edificante cuando te preparas a saludar el día. Si estás aumentando tu ritmo cardíaco o escuchando música, no te olvides de estirar las extremidades. Sí, estirar las extremidades. La Dra. Delicia Haynes anima a esto como una práctica renovada que nosotras, las mujeres tendemos a omitir de nuestras rutinas de acondicionamiento físico a medida que envejecemos: "mantener la flexibilidad y el rango de movimiento es tan importante según maduramos".[2] Estira y sostén cada posición al conteo de diez....*

# 5

*¡Toma una ducha! ¿Esto es muy importante, verdad? Te sorprendería el número de mujeres que al terminar una rutina de hacer ejercicios — (que resultan en poca transpiración pero mucho sudor. Sonrie.) — se distraen con otras cosas en la casa (limpieza, las últimas noticias en la televisión, una llamada entrante, etc.) y no toman una ducha.*

*Estoy enfatizando tu contacto inmediato con el agua por una sencilla razón. La sudoración consiste en una limpieza de adentro hacia afuera mediante el órgano más grande del cuerpo, la piel. Y si alguna vez has probado el sudor que gotea de tu labio superior, sabes que no es agua de manantial brotando de tus poros. Queremos una piel saludable. No permitas que se seque el sudor dejando depósitos en tu piel. Date una ducha para ayudar a tu cuerpo limpiándolo de estas secreciones. Asegúrate de que la temperatura del agua sea un poco más fresca que la temperatura interna del cuerpo. Este enfoque, junto con bebidas frías de agua, contribuye a reducir el tiempo para enfriarte internamente. No olvides secarte cuidadosamente. No eres un tazón de cerámica recién salido de agua jabonosa. Se gentil con tu piel.*

# 6

# Toma un batido de frutas sin azúcar, rico en nutrientes.

*Desayuno. No es el desayuno tradicional que tienes en mente. Es un nuevo desayuno de batido. Si has probado uno de los batidos de Smoothie King (o Planet Smoothie's), sabes qué sabroso es su producto. Este batido, sin embargo, es casero y contiene frutas y vegetales. Particularmente para las mujeres, hay beneficios para la salud al consumir vegetales verde oscuro que a veces no se consumen si se sirven en un plato (como el col rizado, por ejemplo). Este batido restaurará la energía que perdiste al hacer esa caminata o carrera. El ejercicio junto con los ingredientes desintoxicantes naturales que se encuentran en zanahorias, col rizado, manzanas, etc. son sólo un bono de salud para nosotras las eternamente jóvenes bellas. Si puedes, compra en una plaza de mercado, pues venden vegetales y frutas que no han sido procesadas y están libres de pesticidas.*

*¿Qué productos nutricionales no están en el menu de tus 3 comidas diarias? Haz una lista de los ingredientes, añádelos a tu smoothie y comienza a beber a sorbos.*

# 7

# Vaya a trabajar temprano (sin estrés).

*De viaje al trabajo*

*Hora de salida: Planifica salir media hora antes de lo que necesitas. Esto continúa el proceso libre de estrés que comenzaste en tu sueño. Existe tal cosa como buen estrés. Sin embargo, apresurarse al trabajo y luchar por un espacio en el estacionamiento no califican como "buenos" estresores. Utilizarás el tiempo extra en los artículos 8 y 9.*

# 8
# Maneja a la Defensiva.

Conduce a la defensiva (no sólo anticipa las maniobras de los conductores imprudentes; si no que reacciona defensivamente a la imprudencia de los demás). Puesto que ya sabes que hay conductores imprudentes, haciendo decisiones imprudentes, el cómo respondes es crítico a tu capacidad de manejar factores estresantes en la carretera.

Anticipa errores. Después de todo, somos humanos y estamos propensos a cometer errores. Con todas las distracciones (como un hombre sacándose con pinzas los pelos de la nariz,, o una mujer que acaba de descubrir que se le daño una de sus medias nylon, o la joven adolescente que envía un mensaje de texto a su papá para decirle que todo está bien en camino a la escuela y así sucesivamente). Sé vigilante y perdonadora.

# 9
## Toma 30 segunds de relajación.

*Relájate. Una vez que hayas llegado al trabajo, quédate sentada en tu auto durante 30 segundos al menos. Escucha hasta el final de una canción en la radio, o el canto de un pájaro cercano. Tómate el tiempo para componerte a ti misma. Después, recoge del auto todos los artículos que necesitas para tu trabajo (tu almuerzo, la computadora, el celular, tu bolso, tu bebé — (que te acompaña para conmemorar el día de llevar a tu hijo/a al trabajo). Treinta segundos pueden hacer toda la diferencia por si tienes que hacer dos viajes; uno para reunir las cosas que necesitas y otro para sacar al bebé (o persona) que no puede permanecer en el auto en temperaturas extremas o sin aire, o sin un baño... ¿Sabes a lo que me refiero, verdad? A veces, las cosas se interponen en el camino de ese segundo viaje al auto. Y si no lo haces por el paraguas, no es el fin del mundo.*

*Quizás alguien pudiera preguntar, "¿Qué pasa si llego tarde y no tengo ni 30 segundos para relajarme?" Esta pregunta no implica necesariamente que te saltaste el artículo 7 de ésta lectura, o que el tráfico estaba muy pesado ese día. Lo importante es que tomes el tiempo para componerte a ti misma y relajarte. Tienes la oportunidad para inspeccionar tu auto para los artículos que necesitas llevarte contigo cuando esperas la luz roja o al estar detenida en la señal de alto, o quizás mientras te desabrochas el cinturón.*

*¿Qué diferencia hizo el tomar el tiempo extra de relajación? ¿De qué forma?*

# 10
## Entra al lugar de trabajo con una sonrisa.

*Una mujer alegre hace su entrada*

Entra al lugar de trabajo con una sonrisa. No importa lo que pase. Aquí está el porqué. Si "alguien" parece funcionar como si fuera su única misión causarte malestar, te corresponde a ti tomar una nueva mentalidad. Esta mentalidad puede o no cambiar la manera en que esa persona te trate, pero definitivamente colocará las cosas, la vida, en perspectiva para ti. Mientras que 8 horas (o más) es mucho tiempo para dedicar a uno de los aspectos de tu día — cada día durante una semana entera — tu vida es sólo un aspecto de tu día. Y por favor, no te molestes en comprobar las reacciones de los demás. Simplemente estás regalando algo, no estás buscando respuestas. Además, alguien pudiera necesitar tu sonrisa, aunque nunca te lo *diga. La sonrisa en tu rostro debe mostrar la satisfacción que sientes por tu contribución al trabajo, por algo de gratitud que hayas elegido expresar, por una obra de caridad a la que dedicas tu tiempo, o por otra actividad, esfuerzo gratificante o diversión en que te involucras regularmente (probablemente fuera del trabajo). Si no tienes al menos una razón, sigue leyendo.*

# 11 (y 12)

## 11. Renuncia a algo.
## 12. Vete.

*El Acto de Balancear no es un Acto*

¡Renuncia a algo y vete! Estas son dos categorías diferentes, pero son la fuente de la sonrisa que mantienes en tu rostro todos los días (incluso cuando estás en el trabajo). Cuando identificas una necesidad que alguien tiene, y decides satisfacer esa necesidad, sin importar lo pequeño que parezca, un tipo de vacío se llena dentro de ti.

Empiezas a darte cuenta de que tu existencia en el trabajo solamente define una porción de quién tú eres.

Mi vecina de 82 años de edad es un buen ejemplo. Empezó a recoger mi cesta de basura y canasta de reciclaje, de la acera y llevarla hasta la puerta de mi garaje cada semana.

El don que das de ti libremente para ayudar a alguien en cierto modo detiene el tiempo. Une el don de dar de ti misma con el tiempo y simplemente harás lo que te gusta. ¿Qué te hace reír? Y no digas que es ver tus sobrinos o nietos divertirse en la piscina mientras limpias los muebles del patio. ¿Es patinar? (¿Fue patinar?) ¿Jugar a los bolos? ¿Billar? ¿Golf? ¿O algo más seguro como un juego de barajas? Sea lo que sea, haz tiempo para participar en esa actividad regularmente. Incluso si te metes a la alberca con tus nietos para un chapoteo. Tú verás cómo rápidamente el balance entre trabajo, juego y servicio crea un equilibrio necesario y saludable dentro de ti.

# 13
# Cuidado del Cabello.

*¡Qué guapa te ves! Auto-imagen*

*Tu cabello. Estoy hablando sobre el cabello que crece de tu cuero cabelludo. No necesariamente el cabello que compras que cubre o cohabita con tu cabello natural. No tengo ningún problema con extensiones de pelo o pelo con pegamento. Pero te animo a nutrir y cuidar tu cuero cabelludo natural antes de cubrirlo. Peina, cepilla, da champú y acondiciona tu cabello. Repite estos pasos diariamente. Esta atención que das al mantenimiento de tu cabello, le da un impulso extra de seguridad y confianza a la mujer que confidencialmente ostentas al mundo. Esto es así porque no sólo te preocupas por cómo te ves en el exterior, sino cómo has abordado la parte sana de la que nadie (excepto tu marido... y tal vez ni él) verá.*

*Míralo de esta manera: Si alguien fuera a arrancar abruptamente tu pelo, asegúrate de estar orgullosa de tus esfuerzos de haber cuidado de éste. No es* tanto la apariencia, sino más bien el esfuerzo que pusiste al cuidarlo. Tú eres mucho más que lo que aparece en la superficie.

Alguien pudiera decir, "Pero el pelo que me 'pongo' es todo el pelo que tengo". Si lo anterior describe tu situación, asegúrate de darte valor a ti misma.

Antes de cubrir tu cabeza con una peluca,, permite que el toque de tus manos calme y acaricie tu cabeza. El sentido del tacto es terapéutico. Comienza tocándote la cara con las palmas abiertas y luego colócalas sobre las orejas. Desliza suavemente las manos hacia arriba hasta que los dedos se reúnan n en la coronilla de tu cabeza y entrelaza los dedos. Con este agarre, desliza las manos hacia la parte posterior de la cabeza hasta que lleguen a tu cuello. Haz esto con los ojos cerrados. Así te habrás demostrado un poco de amor a ti misma.

*¿Qué pequeños pasos haz tomado para el cuidado de tu cabello?*

# 14
# Mima tu fundación-
# Los pies.

*La Fundación del Cuerpo* Muy a menudo, gastamos menos tiempo cuidando de nuestros pies que cualquier otra parte de nuestro cuerpo. Si piensas en ello, nuestros pies llevan todo el peso. Nos mueven de un lugar a otro ya sea a distancia corta o muy lejana, además de apoyar nuestro peso corporal total y lo que estamos cargando. Muchas de nosotras sólo damos masaje a nuestros pies cuando están insoportablemente cansados y adoloridos. Si no puedes permitirte el lujo de una pedicura, hay otra opción. La idea de cuidar de los pies después de un día arduo de trabajo o una caminata en tacones altos puede ser un impedimento cuando consideras el proceso de buscar una tina para remojar los pies, una toalla y aceite de masaje. Sin embargo, cuando realizas por primera vez esta tarea para el cuidado de tus pies, te darás cuenta de que vale la pena el esfuerzo. ¡Y qué diferencia hace a tu salud en general! Tendrás menos estrés, estarás más relajada, tendrás una mejor noche de sueño y la curación que tu cuerpo entero tan desesperadamente necesita. Si eres de las mujeres que no tienen el lujo de sentir los pies cansados. Para ti, sugiero desarrolles tu propia versión de mimos para tu cuerpo. ¿Será acaso colocando una toallita húmeda en el microondas durante 15 segundos y luego colocarla alrededor del cuello o en la parte baja de la espalda? Cualquier cosa que elijas hacer, recuerda que la clave es cuidar de las "partes de tu cuerpo" que tan bien cuidan de ti.

Para la mujer cuya ocupación le requiere leer incesante, le sugiero cortar un pepino y colocarlo sobre los ojos. El objetivo es restaurar, restaurar.

# 15

# Convierte el campo de batalla de la mente en un oasis.

*Cuando escribí la palabra "mente", inmediatamente tuve que refrenarme, porque podría estar hablando horas y horas sobre la "mente". Pero siendo concisa... La mente puede ser una trampa de metal y a la vez una fuente de energía invisible, frágil. A veces damos por hecho lo que la mente puede aguantar y fallamos en monitorear con lo que la alimentamos, así como lo hacemos con nuestros cuerpos. La mente puede albergar tantos recuerdos, eventos, actividades cotidianas, las noticias, una llamada telefónica, una lista de compras, números de teléfono, direcciones, fecha del último ciclo menstrual (o sudores nocturnos o ambas cosas), Tú sabes lo que quiero decir... Ponemos bastante presión mental en la mente. También alberga emociones. No lloramos sólo porque nuestros corazones están rotos. Lloramos porque nuestra mente no puede procesar el dolor sin comprometer el corazón. Entonces, ¿qué hacemos para mantener una mente sana, en todos los aspectos de la vida, todos los días? Llamo a esto administración mental y monitoreo de pensamientos. ¿Con qué frecuencia te lavas las manos en un día? ¿Con qué frecuencia te peinas o cepillas el cabello, aplicas el lápiz labial o buscas pequeños invasores nasales (secreciones)? ¿Qué influye en la frecuencia con la cual practicas estos hábitos? ¿Te lavas las manos cada vez que utilizas el baño, tocas algo sucio o te sientas a comer? ¿Es el mirarte al espejo lo que dictamina el número de veces que te aseas? Es hora de controlar los pensamientos de la mente del mismo modo. Presta atención a lo que estás pensando. Si tus pensamientos no traen paz y tranquilidad, si no son buenos, agradables, positivos o puros, luego conquístalos con una afirmación positiva. Toma nota de que te insto a que lo hables, no a que lo pienses. La palabra hablada tiene el poder de silenciar los pensamientos furiosos que están luchando por ocupar todo el espacio libre en tu cabeza. Afirmaciones positivas pueden incluir lo siguiente: "Tengo el control de mi vida y voy a vivir al máximo". O, "Yo sé que lo que me dijo mi querida amiga fue doloroso, pero no necesito darle a sus palabras más poder o peso repitiéndolas constantemente. No estoy de acuerdo con sus palabras y eso es lo que importa."*

*Escribe tus afirmaciones positivas y repítelas tres veces (3x).*

# 16

# Mantén conversaciones positivas.

*Ella dijo qué?!*

Tu teléfono suena. ¿Con quién estás hablando?
¿Qué están discutiendo? Si no crees esto te
envejece, piensa otra vez. ¿Tienen las personas
exitosas tiempo para estar en el teléfono todo el
día (chismeando)? ¿Tiene la gente saludable
tiempo para participar en charla ociosa durante
horas? ¿Has visto alguien preparar una comida
saludable (cortar verduras, sazonar el plato
principal) mientras sostiene el auricular del
teléfono en la mano? Y es posible que no. Es
importante mantenerse en contacto, para
comunicarse. Pero no a expensas tuyas, desde
luego, no en tu perjuicio. Después de finalizar una
conversación por (celular/Facebook ® / Tango ®,
Skype ® etc.) la otra persona y tu deben sentirse

mejor que cuando comenzaron la conversación, y no sentir que se  perdió un tiempo valioso que bien pudiera haberse utilizado haciendo otra cosa útil.

*Piensa sobre tu última conversación y anota lo que recuerdes sobre ella. Luego de haber tenido otra conversación, revisita esta sección y  anota las diferencias.*

# 17
# Beber alcohol en moderación.

*¿Tuviste un día largo?  ¿No es suficiente el agua?*

Alcohol. Cerveza, Ron, Ginebra, Brandy y Sí, también vino. Cualquier tipo de bebida alcohólica que elijas debes consumirla con moderación. Sin embargo, permíteme ofrecerte un consejo. Tal como el agua y los alimentos saludables que consumes para nutrir tu cuerpo, también debes considerar el papel que juega esta práctica social y tu bebida de elección. El vino es bueno con moderación y ha demostrado ofrecer beneficios para la buena salud del corazón.[3] No puedo decir lo mismo de las demás bebidas. Así que si les dices a tus amigas, "ha sido un duro día de trabajo, y me voy a ir a casa a tomar un trago" Un trago connota un singular vaso de alcohol. No necesitas más que eso para relajarte. Y no lo necesitas cada noche después del trabajo. Si encuentras que tu trabajo es demasiado estresante, por favor revisa los artículos 9 y 10 de este libro.

# 18
# Deja el hábito de la nicotina y devuelve las arrugas.

¡La cara no, por amor al cielo!
¿En qué parte del cuerpo de una mujer primero se tiende a mostrar síntomas de envejecimiento? La cara! Fumar aumenta la apariencia del envejecimiento.[4] La última cosa que queremos hacer es contribuir a lo inevitable. Yo no fumo. Nunca fui fumadora, así que cuando te ofrezco mi opinión sobre esto, es desde un punto de vista de cuidado, nada menos. Para algunos, fumar es más una adicción que un simple hábito.

Porque has comenzado a aplicar esta guía en tu vida, (no tan sólo leerla), ya no hablas del drama de estrés en el lugar de trabajo como algo ordinario, entonces el fumar es algo que disfrutas, o, algo que tienes grandes dificultades para erradicar de tu vida, o ambas cosas. Únete a un grupo que te ayude a dejar el hábito de fumar o habla con tu médico acerca de una solución viable que sea adecuada para ti. Haz algo acerca de tu salud y toma en serio lo que pones en tu cuerpo. En muchas formas te quita lo que tanto mereces en la vida.. Y como con otras cosas, ten un plan para cuando experimentes momentos de debilidad. Patea ese hábito.

*¿Cuál es su plan de acción para dejar de fumar? Empieza con tres 3 primeros pasos, escríbelos y colócalos en un lugar visible como recordatorio.*

# 19

# Desaloja tu alter ego enojado.

*¿Alguien quiere Rayos Gamma?*

........................................................................

*Ira. Más mujeres de las que tú crees tienen este problema.[5] Es una zona de debilidad que tendemos a aceptar como parte de quienes somos. Hasta advertimos a otros que no nos hagan iracundos: "Cariño, lo último que quieres es verme enojada. Te puedo asustar hasta ponerme del color verde de Hulk." Aún nuestras amigas atestiguan de este hecho con risas y gestos (o temor y temblor). Sin embargo, no hemos tomado el tiempo para hacer una búsqueda interior para determinar el origen de esta ira. ¿Viene desde la infancia? ¿Viene de relaciones pasadas? ¿Es sólo una forma deficiente de manejar las emociones, los acontecimientos de la vida y lo inesperado en nuestra vida cotidiana? Digamos que sí. Puesto que estamos en consenso con nuestras amigas cuando se trata de reconocer esta debilidad, es hora de invitarlas a hacer un plan para cambiar: "Oigan chicas, sé que puedo explotar como pólvora en el momento más inesperado e inoportuno, pero voy a estar trabajando en eso. Así que puedo contar con ustedes para que me llamen la atención: A) Cuando vean las señales de advertencia que estoy a punto de estallar; o B) después de que me he calmado — quizás al día siguiente. Una vez esté consciente de lo que hago justo antes de enojarme, estaré mejor capacitada para manejar mi enojo." Nota: Sólo Pregúntale a tus amigas si vas a tomar en serio hacer el cambio. No las coloques en una situación que haga la vida más volátil para todas ustedes. Tu decisión de "eliminar tú 'enojado' alter ego" no significa que te estás convirtiendo en pelele. No significa que ya no se te debe tomar en serio. Tampoco significa que ya no serás el alma de la fiesta. Lo que significa es que has hecho un cambio positivo y saludable para ti. ¡Hasta yo misma saldría contigo ahora!*

*Si puedes, anota la fuente de tu ira. Escribe un plan para liberarte de los detonadores. Haz una lista de las personas que te pueden ayudar.*

# 20
# Quítate el polvo de encima.

Muebles polvorientos. Eso es lo que yo llamo a una mujer que sigue viviendo en el pasado. El pasado está ahí. No va a ninguna parte. No creas que estés engañando a otros porque pareces ocupada. Tu vida es más que simplemente mostrar apariencias. Mientras estés revolcando el polvo de tu pasado, (bueno o malo, de recuerdos preciados o traumatizantes) estás logrando poco más que limpiar un pedazo de mueble sin usar. Tu falta de movimiento (mental y físico) te hace una candidata ideal para recoger el polvo. Nadie puede ver ni siquiera imaginar el hermoso "brillo" debajo de todo ese polvo. Algunos solamente echan un vistazo rápido y se alejan, sin darse cuenta de tu potencial o las cualidades que posees.

La gente se enfada cuando inadvertidamente se frotan contra algo polvoriento, y de inmediato empiezan a limpiarse el polvo enérgicamente. Por *eso, levántate, sacúdete el polvo de encima tú misma y has algo que no has hecho antes (o que no has hecho en mucho tiempo), incluso si es tan simple como escribir un poema, tocar tu guitarra o asombrar a una amiga sugiriendo salir a una noche de fiesta. Hacer algo nuevo o diferente equivale a no hacer algo que continuamente has estado haciendo. Revolcarte en el pasado. No tomes ese álbum de fotos si simplemente vas a mirar la foto de tu tía ya fallecida y añorar las cosas de antaño--otra vez. Toma el álbum de fotos cuando tengas una foto nueva que añadir. Es una señal de que estás viviendo.*

*Escribe una actividad que hiciste hoy para sacudirte el polvo de encima.*

# 21
# Cuelga tu capa de Supermujer.

*No soy Súper mujer, pero me gusta esta capa.*

*Saber cuándo parar. Cuando comencé este libro, tenía toda la intención de estar en la cama a las 9:00 de la noche. Había sido un día largo, sin embargo, productivo y estaba agotada. Entonces mi hija sugirió escribir un libro que llevara por título cuarenta y fabulosa. Ya tuve mi computadora sobre las "piernas", así que comencé a escribir. Eso fue un show del Dr. Oz y 32 minutos antes. Es hora de parar. Todas las señales están presentes. Tengo sueño, mis párpados están pesados, mis hombros están tensos, empiezo a encorvarme y mi conversación con mi hija ha perdido su vitalidad. Es hora de parar. Pero antes de detenerme, déjame describirte lo que sucede cuando las mujeres se niegan a parar (hasta completar una última tarea): nos falta la energía para completar los artículos 1, 4, 5 y 6 de esta guía. No prives a tu cuerpo del tiempo que necesita para sanar, restaurar y rejuvenecerse. No tomes parte de tu mañana completando punto #1 y luego saltas el punto # 3. Vas a desperdiciar - toda la mañana. Vete... a... cama.*

# 22
# Rechaza la negatividad.

*¿Cómo fue? No entiendo nada de lo que dices..*

Rechazar. El verbo de acción. No estamos acostumbrados a escucharlo en el sentido habitual. Este rechazo es una noción positiva. Cuando alguien dice, "la gallina vieja no es lo que solía ser," recházalo. Cuando alguien dice, " la vejez te está alcanzando," recházalo. Es más importante que sepas lo que está pasando contigo y que has tomado el control positivo de tu hoy y tu mañana que dejar que esas palabras y observaciones se conviertan (o permanezcan) en tu realidad, incluso si esas palabras vienen de un grupo de "seguidores", y constantemente se usen en Twitter ®. Tú tienes el poder de rechazar.

# 23
# Reúne todos tus recursos naturales y toma el sol.

*Toma el sol. No he dicho que pretendas ser una rebanada de pan con ajo sin tostar. Pero toma tus quince minutos a media hora (más o menos, si tu médico te dice que está bien y estás bañada de (bloqueador solar) con vitamina D. Lo necesitamos. El tiempo para descubrir lo importante que son estas cosas no es cuando el médico te haga una serie de exámenes de sangre y encuentre que tienes deficiencia de varios nutrientes vitales. Cuida tus huesos.*

# 24

# Reúne todos tus recursos naturales y mójate con lluvia.

*Mójate con lluvia. Sí, lluvia! No esperes hasta la temporada de huracanes en la Florida para hacerlo. Disfruta de una ducha. Una ducha de lluvia ligera. Camina de un lado a otro de la calle (o más lejos si encuentras que lo estás disfrutando). Absorbe tu entorno mirando a la izquierda, a la derecha, hacia el frente y hacia arriba. El suave sonido de la lluvia es relajante, y el paseo puede ofrecer una nueva perspectiva.*

# 25
## Piensa menos. Habla (un poco) más.

*¿Qué quiere decir que pienso demasiado? Yo tengo mucho en mi mente.*

Habla. La gente de Reachout.com ofrece cinco razones para hablar, que incluyen: claridad, retroalimentación y liberar(o dejar ir).[6] Aunque la mujeres tendemos a ser muy comunicativas, todavía habemos algunas que guardamos en nuestro interior cosas en que necesitan ser expresadas.

Identifica tres personas diferentes que no estén conectados una a la otra, solamente conectadas a ti. Dile a cada una de ellas algo diferente acerca de tus sueños, ilusiones y anhelos de tu corazón. No compartas esta información con el fin de recibir afirmación. Simplemente hazlo porque quieres decir lo que tienes en tu mente. Ahora tienes que perseguir esos sueños, independientemente de (y a

*veces por) las respuestas de tus amigas.*
*ADVERTENCIA: Nunca compartas demasiada*
*información. Las buenas ideas pueden tomar vida*
*propia e irse caminando (en otras palabras, alguien*
*puede utilizarlas para su propio beneficio).*

# 26
# Transfiere energía positiva.

*Sopla besos y da abrazos. Me caracterizo por dar*
*muchos abrazos. No porque abrazo a todos o*
*abrazo todo el tiempo. Me conocen porque mis*
*abrazos significan algo. Creo que un abrazo debe*
*comunicar un sentimiento no hablado. Así que,*
*cuando doy un abrazo, estoy entregando un*
*mensaje sin palabras. No es un abrazo de lado*
*donde mi hombro apenas toca tu barbilla o*
*viceversa. Coloco mi cuerpo contra el tuyo y*
*extiendo mis brazos a tu alrededor. Te sientes*
*querida y apreciada y (si estás teniendo un*

momento difícil), mis abrazos te dejan saber, que no estás sola y vas a estar bien.

Soplar besos es nuevo para mí. Comencé a hacer esto hace menos de un año. Me encanta hacerlo. La gente a quien le soplo besos es generalmente las mujeres, y las mujeres a quienes les soplo besos son mujeres generalmente mayores por quien tengo gran respeto, o son aquellas que no he visto en mucho tiempo. Si estoy en una habitación llena de gente que me impide acercarme, le arrojo un beso con propósito. El mensaje es claro y apreciado por la que lo recibe. Y siempre me son devueltos. Es una cosa de hermanas. Y no tiene que ver con ser afectuosa. Míralo como una forma de satisfacer una necesidad.

# 27
# Libérate del "no perdono".

*Cómo pudiste?!*

Perdonar. Está bien. Vamos a abordar este tema sin ocupar varias páginas de esta guía. A veces empezamos con, "No, no voy a perdonarte. Lo que hiciste es imperdonable". Permíteme traducir estas palabra, "No estoy en un lugar donde el perdón es posible ahora. Pedirme perdón ¿tan pronto? ¡Es ridículo!, ¡Después que hiciste lo que hiciste!"¡Además, quiero que te sientas mal por lo que hiciste para que puedas entender cuánto me heriste y lo mal que me hiciste sentir!" (Por supuesto que me di cuenta de que este ejemplo es sólo para la persona cuyo intruso traspasó y se disculpó.) A veces el no perdonar es sólo una manera de demostrar al agresor que es irreparable el daño que ha hecho. Creemos que la mejor manera es procurar que el agresor sienta nuestro dolor. Pero esto es imposible. Si no lo has notado ya, cualquier rencor que llevas es tuyo y sólo tuyo. Te afecta sólo a ti. El tiempo que pasas y la energía que gastas repitiendo el evento, deseando y rezando por que se haga, justicia tiene un efecto sobre ti. Si no lo has notado ya, te cambiará para lo peor. —Tienes que imaginarte literalmente quitándote esa carga de rencor sobre los hombros, porque eso es lo que es, una carga y la estás llevando sobre los hombros.—

Repite estas palabras, "Te libero _____" (di en voz alta el nombre de la persona).

Ya te has gastado lo suficiente cargando algo que es responsabilidad del agresor. Deséchalo, – porque eso es lo que es, un desecho. Y dale a tu mente, alma, cuerpo y espíritu espacio para respirar. Si colocas lo que él o ella o ellos te hicieron debajo tus pies, donde pertenece, entonces se convierte en el fertilizante que estaba destinado a ser, permitiendo que algo nuevo y hermoso florezca en tu vida fabulosa. Sabrás que has pasado la prueba del perdón cuando te encuentres con esa persona en un momento o lugar inesperado, o cuando encuentres una foto de esa persona y no te sientas afectada por el encuentro.

# 28
# Llora para tu salud emocional.

Llora libremente. Llora con conciencia. Mientras que las mujeres somos conocidas por ser muy fuertes de voluntad y capacidad de recuperación, también tenemos la reputación de ser criaturas emocionales. (No sé de dónde salió eso.) Aunque esto tenga mucho de verdad, no significa que necesitamos ser lloronas en la vida. Expresar emoción es saludable para todos. El llanto es especialmente saludable, porque las lágrimas elevan el estado de ánimo, alivian el estrés y expulsan toxinas.[7] Por otro lado, no derrames lágrimas preciosas cada vez que veas el caparazón de un armadillo al costado del camino. Estamos hablando de llanto saludable, el tipo que limpia el parabrisas mental.

# 29
# La ley de Newton se debe aplicar a ti (hasta cierto punto).

*Un objeto en movimiento...*

Mantente en movimiento, más que ser sedentaria. Mantente activa más de lo que estás inactiva. Esto no es ciencia de cohetes (o física); Sólo requerirá mayor conciencia de tu parte. Si enciendes el televisor para entretenimiento temporal mientras estás comiendo, no hay nada de malo en eso. Pero si ese tiempo lo utilizas para ver cuatro episodios consecutivos de ley y orden: Intento Criminal (Criminal Intent) y dos episodios consecutivos de En Otra Piel, debes darte cuenta de que has invertido tres horas de tu tiempo delante del televisor. Es seguro decir que estás en camino a un día de inmovilidad. Date una segunda oportunidad al día siguiente e intenta disciplinarte. Si tienes éxito, te felicito. Si encuentras que  se te ha escapado el tiempo nuevamente, entonces simplemente no estás preparada para acoplar una comida durante el día con un episodio de una  telenovela. Lo siento, pero es por tu propio bien.

# 30

# Destapa tu válvula de embriague.

Vigila el ingerir calorías. Bueno no realmente calorías. Más bien me estoy refiriendo a  ingerir letras de canciones, películas o libros de literatura, espectáculos y alimentos que tienen un efecto adverso en tu salud física y mental. ¿Te hacen llorar las telenovelas   durante cada episodio? ¿Necesitas adulación para  sentirte reafirmada? ¿Estás escuchando el mismo cd o lista de canciones en tu reproductor de mp3 cada día? Cambia tu estado de ánimo a uno de solemnidad. ¿Te encuentras asumiendo de antemano los resultados del ADN en un popular programa de televisión? ¿Cuándo te comes normalmente ese medio litro de helado? ¿Siempre después de  las 8:00 P.M.? ¿Te encuentras estudiando al hombre magnífico en la televisión como un experimento científico, comparando sus palabras y acciones (y signos de infidelidad) con tu hombre? ¿Es tu canal favorito el que muestra historias de mujeres que no pueden soportar más y " estallan en furia"? Cuidado con lo que ingieres.

# 31
# Dá a tu guardarropa una revisión total.

*Si parece residuos de polillas y huele a residuos de polilla...*

Haz cambios en tu guardarropa. Nada drástico.
Echa un vistazo a lo que está en tu armario y, si
tienes ropa que usaste para la foto de tu  anuario
escolar, ya  es hora de un cambio. Haz dos  pilas de
ropa. Dona parte de tu mejor atuendo de negocios
a un Goodwill o entidad benéfica y algunas de tus
mejores trajes de noche a una tienda de ventas por
consignación.  Ahora, dependiendo de tu
presupuesto, regálate unas nuevas prendas de
vestir que reflejan el nuevo tú. La brisa de aire
fresco que ahora eres.

# 32
# Elíje no acceder a todo.

Cuando ves la palabra *acceder*, ¿qué te viene a la mente? ¿Es una relación? ¿Un trabajo? ¿Una membresía? Sea lo que sea, ese debe ser el enfoque de esta lectura.

Podemos encontrarnos accediendo a situaciones que, al principio, parecen demasiado buenas para ser ciertas, incluso, ideales. Pero conforme pasa el tiempo, descubrimos que la situación persona u organización no fue tan buena como decía ser. Recuérdate a ti misma de un hecho muy simple, muy real. Si estás dando lo mejor de ti, estás en tu derecho de esperar lo mejor. Si encuentras razones, o excusas — para permanecer en ese estado de "aceptación", te puedes estar haciendo un gran perjuicio.

# 33

# Resuleve un problema para ti misma por ti misma.

*Resolver un problema para ti misma, por ti misma.
El mío era un problema de salud. Elige el tuyo y
resuélvelo. Mi problema implicaba volver atrás
sobre mis pasos, investigando el diagnóstico por
causas y síntomas para luego revertir esos pasos.
Por ejemplo, lo que conduce a un diagnóstico de
Lupus es un recuento extremadamente bajo de
glóbulos blancos. Investigué sobre alimentos que
mejoraron el desarrollo de glóbulos blancos en el
cuerpo y añadí esos alimentos a mi dieta (en la
forma de ese batido mencionado en la lectura
#6).Cualquier problema que tengas que resolver,
asegúrate de que puedes resolverlo
razonablemente por tu cuenta y en una cantidad de
tiempo razonable.*

# 34

# Desacelera. Deténte. Quédate quieta.

*Piensa, descansa, espera. Considera un área de tu vida en donde te has movido o te estás moviendo bruscamente, demasiado acelerada. Para mí, fue estar trabajando en este y otros dos libros, al mismo tiempo que preparaba un documental. Si tu situación es similar a la mía, prueba esto: empieza empujando tu silla de oficina lejos de tu escritorio. O gira tu silla lentamente dándole la espalda a tu trabajo y sales de la oficina. Si estás muy acelerada haciendo múltiples tareas en otras áreas de tu vida, remuévete brevemente de ese ambiente. Tómate un momento para reconsiderar tu actual plan de ataque o lo que sea tu razón inicial para moverte tan aceleradamente, y pregúntate a ti misma cuales son los beneficios de desacelerar. Cosecha esos beneficios. Lo  importante es que encuentres tu ritmo.*

*Q1. ¿Cuál es la prisa? Sé específica. Q2. ¿Qué harás para desacelerar el ritmo? Describe el beneficio.*

# 35

# *Medita.*

*Medita. Ahora que has aprendido a desacelerar, es hora de meditar. Según el famoso Dr. Deepak Chopra, el propósito de la meditación es, "...meterte en el espacio entre tus pensamientos...".[8] La meditación sirve como un medio para asentarte, restablecer tu centro interior o, encontrar tu lugar pacífico. Hasta que hayas aprendido a ubicarte entre tus pensamientos; piensa en algo o en un lugar (o tal vez alguien) que te trae alegría pura o absoluta paz. Podría ser un lugar de vacaciones o un versículo de la Biblia. En el caso de que sea un lugar de vacaciones, imagínate el lugar en tu mente y colócate mentalmente allí mismo, luego céntrate en todo lo que sería ideal para ti. Una vez que hayas terminado tu momento de meditación, transporta ese estado anímico a tu vida cotidiana para obtener resultados positivos.*

# 36
# Cambia o mejora algo de ti.

*Cambia o mejora algo de ti. Tu color del pelo. Tu actitud. Tu peso. Tu salud. Tu estilo de comunicación. La forma en que piensas. La forma en que oras. Un hábito o costumbre. Algo que hasta ahora no hemos considerado en esta guía. Para hacer esto, por favor entiende que es un proceso diario, y el tiempo es el único amigo para establecer mejoras y cambios positivos. Tarda entre 21 y 66 días de comportamiento repetitivo antes de que se convierta en hábito.[9] Lleva un diario. Anota el tiempo, haciendo un conteo regresivo de los días y enfoca en un objetivo. Escribe cómo esperas lucir después de un mes: Si es el peso — debería estar 3 libras más delgada; Si es la comunicación — cada vez menos personas se quejarán de que estoy confusa o "lenta" al entablar una conversación; Si es el cabello – los rayitos (Highlights) en mi pelo me dieron el valor para _____ ; Si es la actitud – he* notado más gente que nunca acercarse a mí para entablar una conversación o resolver un problema, o hago menos comentarios cínicos cuando veo la televisión (por ejemplo, *eso no es gracioso; eso no es realista; ¿y la gente en realidad ve esto?*). Haz que el cambio sea un contagio. Influencia a otros a tu alrededor compartiendo (aunque sea brevemente) un poco de tu transformación y la diferencia positiva que ha hecho en tu vida.

# 37

# No te tomes tan en serio.

No me tomo en serio, pero tomo mi trabajo en serio. Está bien. Eso suena cliché pero también suena muy bien si realmente fuera cierto. A propósito he evitado anécdotas hasta donde sea posible, porque no quiero quedar atrapada en un argumento.

Pero ahora, para aclarar esta idea de tomarme en serio a mí misma, voy a compartir mi experiencia después de terminar mi primer año de escuela sub graduada. Comencé como maestra principiante en una escuela secundaria, y tenía tantas ideas para mis alumnos más allá del currículo tradicional y planes de la lección. Pasé horas en el salón preparándome para el nuevo año escolar. De hecho, estuve tan tarde en la noche en la escuela antes de que empezara el nuevo semestre, que un policía me apuntó su arma cuando salía del salón de clases. Él asumió que era una ladrona, por la *evidencia de reglas, expedientes, cartera y un bolso medio vacío de Mc Donald's que llevaba conmigo. No tengo que decirles que pude pasar esa noche sin más incidentes. Los días siguientes estaban repletos de instrucción rígida, un montón de excursiones y ser asignada a monitorear los pasillos durante el cambio de clases.*

*Un día, mis estudiantes y yo entramos al salón riéndonos como de costumbre, y como de costumbre, cerré la puerta una vez que sonó la campana. Un estudiante levantó su mano y comentó: " Sra. Scott, usted cambia cuando entramos aquí." Perpleja, le pedí que elaborara su comentario. Pero uno de sus compañeros intervino y dijo: "cuando estamos en una excursión, usted es muy divertida, y cuando está en el pasillo, sonríe y habla con todo el mundo. Pero cuando cierra la puerta del salón y volvemos a empezar las clases, usted deja de sonreír. Se siente como si estuviéramos viendo a la Dra. Jekyll convertirse en la señora Hyde. Yo tenía una explicación sencilla: tomo muy en serio su experiencia educativa. "Claro que sí, pero desde la descripción anterior, se puede ver que yo tomé las cosas un poco demasiado en* serio. Separé mi personalidad y mi sentido del humor del proceso de aprendizaje y sólo presenté una parte de mí en el trabajo. También pasé demasiado tiempo tratando de preparar una lección o proyecto impecable, perfecto, sin fisuras a los estudiantes, cuando eso no era todo lo que necesitaban. Necesitaban excelencia en la instrucción y la misma persona que experimentaron en el autobús y en el pasillo. Tenía que hacerme la pregunta, ¿es sólo el papel que juego o es quién soy? Tuve que aprender a distinguir el papel que jugaba (como maestra), de la persona que era (una mujer que, por una parte de cada día laborable, era responsable de educar mentes jóvenes en el espíritu de excelencia). Dicho claramente, tuve que quitarme yo misma de la ecuación. Para ello, simplemente redefiní mi papel como una persona que presenta un servicio, deliniée las bases necesarias en relación a mi campo de trabajo y me eché un paso atrás cuando había completado mi trabajo. Como el artista de rap Jay Z diría: venga el próximo.

¿Quiénes se benefician cuando nosotros tomamos las cosas menos en serio? Para responder a esa *pregunta, ten en cuenta esta situación. Enfermería es sin duda uno de los trabajos más estresantes que una persona pueda tener. Vamos a poner a una enfermera de una sala de urgencias médicas en una gran ciudad con una alta tasa de criminalidad. Naturalmente, ella tiene que tomar en serio su trabajo y mejor es que todos los que la rodean también lo tomen en serio. ¿Pero cómo puede ella separa el papel que desempeña de la mujer que es? ¿Cómo es que ella no se toma en serio a sí misma? Mentalmente ella misma se remueve de la ecuación. Redefine tu papel como una mujer que presenta un servicio, sienta las bases necesarias en relación a su campo de trabajo, ejerce dentro del ámbito de sus responsabilidades y dá un paso atrás cuando termina su trabajo. Una vez que ha hecho lo que se requiere de ella (y tal vez un poco más), pasa al próximo paciente. Y luego que termina el día, remueve la cofia de su cabeza y va de camino a su casa (a las personas que no la ven como enfermera cuando camina a través de la puerta).*

# 38
# Enumera 40 razones para amarte a tí misma.

*Haz una lista de 40 razones para amarte a ti misma. Es importante reconocer este amor propio y saber que vale la pena amarse. Es más, tienes que saber lo que te hace amada. Aquí están algunas razones para empezar: soy única, tengo una gran sonrisa, doy grandes abrazos, soy honesta, doy buenos consejos, soy una buen oyente, soy perseverante, tengo un gran corazón, hago reír a la gente, puedo encontrar algo bueno en todas las personas, yo creo en segundas oportunidades, etc.*

# 39

## Enumera 40 formas de expresar tu amor.

*Haz una lista de (y llevarlas a cabo) 40 maneras de mostrar amor a otra persona (marido, hijo, amigo, etc.). Es mucho más fácil de sentir amor por alguien que demostrarlo. Una vez finalizada, puedes imaginar el impacto que tendrá esta lista en la persona para quien la creaste. Si pasas de 40 formas, es aún mejor. Comienza a actuar sobre cada artículo de la lista una vez que ya esté completa comienza a ponerlas en práctica. ,*

*Por ejemplo: Desayuno en la cama, escuchar sin interrumpir, lavar el auto, elegir enviar una tarjeta de felicitación por correo en vez de correo electrónico, hacer la limpieza, enviar flores aunque no sea una ocasión específica, dar un espectáculo para hacer reír a otros, y dar un aventón a una amiga que espera impaciente el transporte público, son sólo algunas posibilidades. No vas a creer la diferencia que hará en tu vida.*

# 40

# *Haz un AER.*

*Haz  **A**uto-**E**xámenes **R**egularmente (AER)*

Llevar a cabo un  AER (Auto-Examen Regularmente) mensualmente en el mismo día que te haces un examen de mama u otro chequeo periódico. Pregúntate, "¿Cómo me va? ¿Cómo le va a mi pensamiento? ¿Qué he estado comiendo? ¿En una escala de 1-5 cómo califico mis relaciones con otras personas? ¿Cuán bien manejo mi tiempo? ¿He estado aplicando la lista de 40 formas de amarme a mí misma y formas de expresar mi amor? ¿Me estoy acordando de darme a mí misma una oportunidad cada día? ¿Veo alguna diferencia? ¿Siento alguna diferencia?

# Juramento de Lealtad.

*Yo juro lealmente (fidelidad, devoción, compromiso) a mi futuro.*

.........................................................................................

Cuando iniciamos este viaje, proveí pocas palabras sinónimos de "fabulosa". Ahora que hemos llegado al final de esta guía, ya estás lista para afirmar lo fabulosa que eres. Lee esto en voz alta: soy excepcionalmente buena. Soy estupenda. Mi vida es asombrosa. Mi mundo es extremadamente agradable. Soy notable. La vida está llena de decisiones. Tú puedes escoger secciones de esta guía para aplicarlas en tu vida, o puedes tomar un artículo a la vez — un día a la vez — todos los días y mira adelante hacia la mejor mitad de tu vida. La decisión es Tuya, al igual que esta vida es tuya para vivirla. Vívela al máximo. ¡Te has ganado ese derecho!

# Mis 40 @ fabulosa "viaje diario" ☺

| Cómo# | Respuesta con Propósito/Acción |
|---|---|
| 1 | *Para prepararme para la mañana, he preparado mis zapatos para caminar y ajustado mi despertador.* |
| | |
| | |
| | |
| | |
| | |
| | |
| | |
| | |
| | |
| | |
| | |
| | |
| | |
| | |
| | |
| | |

|  |  |
|--|--|
|  |  |
|  |  |
|  |  |
|  |  |
|  |  |
|  |  |
|  |  |
|  |  |
|  |  |
|  |  |
|  |  |
|  |  |
|  |  |
|  |  |
|  |  |
|  |  |
|  |  |
|  |  |
|  |  |
|  |  |
|  |  |
|  |  |
|  |  |
|  |  |
|  |  |
|  |  |
|  |  |
|  |  |

# Mis 40 & fabulosa "viaje diario" ☺

| Cómo# | Respuesta con Propósito/Acción |
|---|---|
|  |  |
|  |  |
|  |  |
|  |  |
|  |  |
|  |  |
|  |  |
|  |  |
|  |  |
|  |  |
|  |  |
|  |  |
|  |  |
|  |  |
|  |  |
|  |  |
|  |  |
|  |  |
|  |  |
|  |  |
|  |  |
|  |  |

|  |  |
|---|---|
|  |  |
|  |  |
|  |  |
|  |  |

# Referencias

1. *Water, Other Fluids, and Fatal Coronary Heart Disease. The Adventist Health Study. American Journal of Epidemiology (2002) 155 (9): 827-833. doi: 10.1093/aje/155.9.827.*

2. *Delicia Haynes, MD. Family First Health Center, Daytona Beach, Florida.*

3. *Mann, Denise. WebMD. Moderate Alcohol Drinking May Boost Heart Health: Researchers Say Benefits May Be Related to Effect of Moderate Drinking on HDL Levels. webmd.com.heart-disease/news.feb 24 2011*

4. *Almasy, Steve. Twin Study Shows Smoking Ages Your Face Faster. CNN. November 1, 2013. http://www.cnn.com/2013/10/31/health/smoking-aging-identical-twins/*

5. *Anger Issues in Women. Body and Soul. http://www.bodyandsoul.com.au/sex+relationships/wellbeing/anger+issues+in+women,7175*

6. *Why Talking is Good. Reach out.com. http://au.reachout.com/~/media/PDF/Social%20skills/ReachOut_A4FactSheet_WhyTalkingIsGood.ashx*

7. *Borchard, Therese J. 7 Good Reasons to Cry: The Healing Property of Tears. Psychcentral.com. 1 April 2014.*

8. *How to Meditate. Blackdoctor.org.*
   *http://blackdoctor.org/442591/how-to-meditate/playlist/top-*
   *healthiest-foods/item/65643*

9. *How Long Does It Take to Form a Habit? University*
   *College London. August 4, 2009.*
   *http://www.ucl.ac.uk/news/news-articles/0908/09080401*

## Sobre la Autora

La Dra. Ursula Yvette Scott (Dra. Yvette) es una galardonada educadora y mujer de negocios de más de 20 años de servicio, cuyo trabajo en promoción y el campo educacional ha contribuido a hacer incontables cambios en las vidas de niños, padres y jóvenes adultos.

La Dra. Yvette dejó los confines de su salón de clases como profesora de Inglés para dedicarse a un nuevo reto gratificante de ser fundadora y directora de "31st & Seventh Media", una compañía de producción, publicación y entretenimiento.

Como directora, la misión de la, Dra. Yvette es colocar su compañía como líder en la industria, introduciendo nuevas caras, voces y talentos, mientras considera asuntos de interés y preocupación a las audiencias de poca representación alrededor del mundo.

*Para hacer arreglos para una presentación o para más información de otros trabajos (libros, blogs, documentales, etc.,) por favor visite www.3one7media.com or email us at info@3one7media.com.

www.ingramcontent.com/pod-product-compliance
Lightning Source LLC
Chambersburg PA
CBHW032028040426
42448CB00006B/769